Género Ficción realista

Pregunta esencial

¿Cómo podemos clasificar y categorizar las cosas?

¡A ordenar!

Ana Pérez Regal
ilustrado por Akemi Gutiérrez

LECTURA COMPLEMENTARIA

¡Qué tarde tan divertida!
Los cuatro niños están jugando
en la sala antes de cenar.

Ciro tiene pequeños pinos de boliche. Son diez. Los acomoda en filas iguales. Luego los va a tirar con una canica.

AHORA COMPRUEBA

¿Qué momento del día es?

Ceci escribe en el pizarrón. Anota la palabra más larga que sabe. Parece difícil. ¡Pero no lo es!

Enzo reúne a todos los animales. Hace un zoológico. Hay un león, un mono, un zorro. ¡También hay peces!

Detective del lenguaje

El punto (.) sirve para separar oraciones. ¿Qué oraciones de esta página están separadas por un punto?

Vicente tiene cubos y maderitas. Forma una torre, una casa, un coche. ¡Arma una ciudad!

La comida está lista. Ya es hora de cenar. Mamá se acerca y les pide que ordenen:

—Pues bien, niños... ¡Es hora de ordenar!

AHORA COMPRUEBA

¿Con qué juega Vicente?

—Nosotros ponemos los juguetes más pequeños en la caja —dicen Vicente y Ciro.

—Y yo pongo los más grandes en la cesta —dice Ceci.

Detective del lenguaje

Nosotros es un pronombre personal. ¿Hay otro pronombre personal en esta página? ¿Cuál?

Primero, los niños recogen los juguetes que estaban usando. Luego siguen con los que están más lejos. Uno a uno... ¡no se olvidan de ninguno!

¡Ya está todo en su lugar! ¡Así saben dónde está cada juguete!

AHORA COMPRUEBA

¿Qué hacen los niños para clasificar los juguetes?

Respuesta a la lectura

Volver a contar

Vuelve a contar *¡A ordenar!* con tus palabras.

Personaje	Pista	Punto de vista

Evidencia en el texto

1. ¿Por qué están contentos los niños en la página 3?
   Punto de vista

2. ¿Por qué les pide la mamá que ordenen los juguetes?
   Punto de vista

3. ¿Cómo sabes que *¡A ordenar!* es un cuento de ficción realista? **Género**

Clasificar por color

Género **No ficción**

Compara los textos

¿Cómo podemos clasificar?

¿Qué cosas son amarillas?

- pato de goma
- impermeable
- limón
- tulipanes

¿Qué cosas son verdes?

- manzana
- planta
- pepinillo
- tortuga

Haz conexiones

Mira las dos lecturas. ¿Qué aprendiste sobre clasificar cosas?

El texto y otros textos

Enfoque:
Género

Ficción realista Los cuentos de ficción realista son historias inventadas. Cuentan sucesos que podrían ocurrir en la vida real.

Lee y descubre Los personajes de *¡A ordenar!* son niños. El cuento se desarrolla en una casa. Los sucesos del cuento podrían ocurrir en la vida real.

Tu turno

Trabaja con un compañero para escribir un cuento de ficción realista donde los personajes sean niños. Luego, muestra tu trabajo a la clase.